# LA
# CAMPAGNE SUCRIÈRE
## 1866-1867

—

# ÉTUDE

## SUR LA POSITION DES SUCRES

Du 1er Septembre au 31 Mars

PAR

## E. CASTELLINO

Correspondant du Ministère de l'Agriculture, de l'Industrie et du Commerce
du royaume d'Italie.

AVRIL 1867

PARIS

TYPOGRAPHIE ET LITHOGRAPHIE RENOU ET MAULDE

Rue de Rivoli, 144

1867

C.

LA

# CAMPAGNE SUCRIÈRE

## 1866-1867

# ÉTUDE

## SUR LA POSITION DES SUCRES

Du 1er Septembre au 31 Mars

PAR

### E. CASTELLINO

Correspondant du Ministère de l'Agriculture, de l'Industrie et du Commerce
du royaume d'Italie.

AVRIL 1867

PARIS

TYPOGRAPHIE ET LITHOGRAPHIE RENOU ET MAULDE

Rue de Rivoli, 144

1867

## Avril 1867

## PREMIÈRE PARTIE

I

Nous voici bientôt à la fin de la campagne sucrière 1866-1867 (1).

Nous avons à l'examiner, comme nous l'avons fait, les années précédentes, en rendant compte de ses différentes phases, et de ses résultats.

_____

(1) Nous avons tenu à faire paraître cette étude avant le travail que nous avons sous presse *de la Question des Sucres depuis dix ans.* Aussi nous n'avons donc pu y comprendre que les mois de septembre, octobre, novembre, décembre, janvier, février et mars. Nous la compléterons ultérieurement par un aperçu des mois suivants, qui ne nous paraît pas de nature à en modifier l'ensemble.

La campagne qui s'achève, a été généralement mauvaise, pour les producteurs de sucre indigène en France, à cause des bas prix obtenus que ne devaient faire supposer ni la récolte de la betterave, plus faible que l'année précédente, ni son mauvais rendement, ni, enfin, la grande consommation probable motivée par l'Exposition universelle.

Les plaintes des fabricants de sucre se font entendre de tous côtés. Partout nous voyons le découragement.

Quelles sont donc les causes de souffrance de cette grande et belle industrie qui ne se borne pas *à améliorer la terre par des sarclages rigoureux et des engrais considérables*, mais qui, encore, *moralise le travail, enrichit et fertilise le sol, apporte l'aisance générale partout où elle a été introduite, retient les ouvriers dans les campagnes, les occupe dans les plus mauvais mois de l'année, initie la classe agricole à la science industrielle, à la pratique des arts chimiques et mécaniques et favorise les principes sur lesquels repose la bonne organisation des sociétés et la sécurité des gouvernements en assurant l'ordre par la création de l'aisance* (1).

---

(1) *Analyse de la question des Sucres*, ch. II, par S. M. Napoléon III.

Recherchons d'où provient la crise que subit, en ce
moment, cette immense industrie, et voyons si elle peut
trouver facilement, en elle-même, les moyens de sou-
lager sa position, ou si elle doit demander encore un
changement de législation en s'adressant au gouverne-
ment qui, depuis trente ans, lui a si souvent tendu la
main, et l'a si puissamment aidé.

Avant tout, il faut consulter les documents que nous
fournit, avec tant de soin, l'administration et étudier
ainsi la production du sucre indigène en France, les
stocks, l'importation, la consommation, les divers débouchés et l'état général des affaires.

II

D'après les relevés du *Moniteur*, la fabrication
du sucre indigène en France, du 1er septembre 1866 à
fin mars 1867, comme l'indiquent les tableaux ci-
après, a été de 49,283 tonneaux moins forte que

celle de l'époque correspondante de la campagne dernière.

Celle du sucre indigène et colonial a été de 41,229
tonneaux moins forte.

Et celle du sucre étranger plus forte de 22,233 tonneaux.

Soit une production générale moins forte de 18,996
tonneaux.

Tandis que la consommation, pendant le même laps
de temps, a augmenté de plus de 20,000 tonneaux.

------

## III

Voilà des chiffres qui, tout d'abord, parlent en faveur de la hausse ; aussi y a-t-il lieu de s'étonner de
voir les prix suivre une marche descendante et de re-
chercher les motifs de la baisse qui a prévalu, pendant
cette campagne.

------

## IV

Quels ont été les cours ?

En vue d'une mauvaise récolte, comme quantité de betteraves, et surtout d'un rendement insuffisant, la spéculation avait fait naître, avant le début de la campagne, le prix (rémunérateur pour le bon fabricant), de fr. 60 à fr. 61 les 100 kilogs, entrepôt de Paris, pour le type numéro 12 indigène.

On devait espérer le maintien et même l'amélioration de ces cours. Il n'en fut rien ; car les prix descendirent à Paris.

D'octobre à janvier à.   57 fr. 50 les 100 kil.
De janvier à mars....   57 fr.   »         —
Et enfin en avril.....   53 fr.   50        —

Soit une moyenne de 56 fr. pour ces sept mois.

Maintenant voici, comme points de comparaison les cours moyens de chacune des six années précédentes.

Cours moyens des Sucres indigènes à Paris, entrepôt
pour le n° **12** des types de la Bourse

LES 100 KILOS.

| PENDANT les ANNÉES | 1er TRIMESTRE | 2e TRIMESTRE | 3e TRIMESTRE | 4e TRIMESTRE | ANNUELS |
|---|---|---|---|---|---|
| 1861 | 71.37 | 72.90 | 66.65 | 63.05 | 68.49 |
| 1862 | 64.93 | 61.42 | 61.50 | 56.93 | 61.19 |
| 1863 | 53.25 | 54.50 | 56.55 | 78.88 | 60.79 |
| 1864 | 82.72 | 78.20 | 70.45 | 64.75 | 74.03 |
| 1865 | 60.72 | 61.64 | 60.94 | 57.98 | 60.31 |
| 1866 | 58.25 | 58. » | 61. » | 57.50 | 58.68 |

L'ensemble de ces six années donne le prix de
63 fr. 91 et nous pouvons remarquer que les plus mauvais cours de cette période, ont été encore de 2 fr. par
100 kilos plus élevés que ceux de cette campagne jusqu'à ce jour.

## V

Voyons quelle a été la consommation des sucres bruts en France pendant ces deux dernières campagnes.

Du mois de septembre dernier jusqu'à fin mars 1867, la consommation a été de 20,625 tonneaux plus forte que pendant la campagne précédente jusqu'à pareille époque, comme l'indique le tableau suivant :

### Consommation du Sucre en France pendant la campagne 1866-67
### de Septembre à fin Mars

| | | |
|---|---|---|
| Sucres indigènes...... | 128.157 | tonneaux. |
| Coloniaux........... | 51.196 | — |
| Etrangers........... | 53.469 | — |
| Soit....... | 232.339 | tonneaux. |

### Consommation du Sucre en France pendant la campagne 1865-66
### de Septembre à fin Mars

---

| | | |
|---|---|---|
| Sucres indigènes. .... | 138.024 | tonneaux. |
| Coloniaux............ | 44.131 | — |
| Etrangers............ | 30.045 | — |
| Soit........ | 212.197 | tonneaux. |

Différence en faveur de la campagne dernière : 20,625 tonneaux.

---

## VI

Pendant les mêmes mois de 1866–1867, la production des sucres indigènes en France a été de 49,283 tonneaux moins forte que celle de l'année précédente.

Les sucres coloniaux ont eu une augmentation, dans la production, de 8,054 tonneaux seulement, et les sucres étrangers de 22,233 tonneaux comme l'indique le tableau suivant :

**Production des Sucres indigènes et coloniaux pendant les deux dernières campagnes, de Septembre à fin Mars.**

### 1865-1866

Sucres indigènes....... 259,599 tonneaux.

### 1866-1867

Sucres indigènes........ 210,316 tonneaux.

Soit, 49,283 tonneaux en faveur de la campagne précédente.

## 1865–1866

Sucres coloniaux . . . . . .    40,495    tonneaux.

### 1866–1867

Sucres coloniaux . . . . . .    48,549    tonneaux.
. Soit, 8,054 tonneaux en faveur de cette campagne.

**Production des sucres étrangers.**

Sucres étrangers . . . . . .    29,332    tonneaux.

### 1866–1867.

Sucres étrangers . . . . . .    51.565    tonneaux.
Soit 22.233 tonneaux en faveur de la campagne
actuelle.

Il résulte de ces chiffres que la production et l'importation des sucres en France ont été

de 310,430 tonneaux, cette campagne.

Contre 329,426 tonneaux la précédente.

---

## VII

Il nous reste à connaître, quelle a été l'exportation
des sucres bruts et ensuite celle des sucres raffinés,
toujours pendant les mêmes périodes.

Le total des sucres bruts exportés, s'est élevé de
septembre 1865, à fin mars 1866 à

59.953 tonneaux.

Et cette année à    19.419    —

Soit....    40.534 tonneaux.

Exportés en moins cette campagne.

Dans ces chiffres, l'exportation des sucres indigènes
figure pour 13,362 tonneaux contre 41,677 tonneaux
l'année dernière.

L'exportation des sucres raffinés ramenée à l'état primitif, c'est-à-dire en ajoutant 20 p. 100 en plus du poids réel s'est élevée à :

Campagne 1866-1867.. 67.249 tonneaux.
Campagne 1865-1866.. 66.334 —

Soit une augmentation de. 915 tonneaux.

## VIII

Si de la consommation des sucres bruts nous déduisons cette exportation des raffinés, nous trouvons la consommation suivante pour la France :

Campagne 1866-1867.. 165.573 tonneaux.
Campagne 1865-1866.. 145.863 —

Soit une augmentation de consommation cette année de.................... 19.710 tonneaux.

De plus le stock qui, à la fin de mars 1866 était de

135,532 tonneaux n'était, cette année, que de 124,827 tonneaux, à la même époque.

Nous ne pouvons trouver encore, dans ces chiffres, aucun motif de baisse. Il nous faut donc l'attribuer à d'autres faits que nous allons étudier.

---

## IX

Chacun sait que pendant une campagne sucrière où la betterave est d'une excellente qualité, où les jus ont une grande richesse saccharine, le fabricant peut obtenir avec des prix relativement bas, de biens meilleurs résultats que lorsqu'il est en présence d'un travail difficile et d'un mauvais rendement, les cours seraient-ils élevés.

Mais cette année, non-seulement les salaires et le prix des charbons ont rendu le prix de revient de la fabrication fort cher, mais encore la betterave, difficile à travailler, a donné un rendement très-bas, dans presque toutes les localités.

Tout semblait en faveur des prix élevés du sucre brut, et cependant les cours, restés un moment stationnaires à 58 fr. les 100 kilos, sont retombés lourdement à 53 fr. 50 c.

---

## X

Cette baisse tient, évidemment, à la difficulté de trouver à la marchandise, des débouchés prompts et convenables pendant le cours de la fabrication et est due à la rareté des acheteurs, en dehors de la raffinerie, qui, elle, ne paraît sur le marché qu'à ses heures.

Aucune spéculation sérieuse n'a voulu prendre part aux opérations sucrières, cette campagne. Dès lors, les fabricants ont dû se trouver vis-à-vis de quelques raffineurs qui ont pu leur dicter leurs conditions.

Pour nous rendre bien compte des motifs de cette rareté d'acheteurs, il nous faut entrer dans quelques détails.

---

## XI

La fabrication du sucre indigène commence généralement en octobre, pour finir de janvier à février, au
plus tard.

Passé ce délai, la betterave ne se conserve pas, se
travaille mal et le rendement devient de plus en plus
mauvais. Le fabricant n'a de bons résultats qu'à la
condition de produire vite.

Voilà donc une énorme production qui a lieu en trois
ou quatre mois, et qui, cependant, ne doit être conson-
mée qu'en une année.

Dès lors, quelque soit le résultat de la campagne,
quelque soit le chiffre atteint par la fabrication, il y a
toujours, pendant plusieurs mois, un stock énorme, de
beaucoup supérieur à ce qu'il est possible de consom-
mer. Cela, précisément au moment où le fabricant a
des besoins d'argent pour payer ses betteraves aux cul-
tivateurs, ses charbons, ses ouvriers, etc., et où il est,
par conséquent, obligé d'écouler ses produits, sous

peine de joindre la spéculation à son industrie, et d'en courir toutes les chances.

Il est donc nécessaire, indispensable, que le fabricant puisse trouver des acheteurs en dehors de la raffinerie, et qu'il puisse vendre partie des sucres que, souvent il ne peut conserver.

## XII

Jusqu'à présent, les fabricants pouvaient facilement vendre, même à l'avance. leurs produits à livrer pendant les mois de fabrication. Leurs acheteurs, mettant les sucres en entrepôt, cherchaient à faire produire un bénéfice à leurs capitaux ainsi engagés.

De cette façon les producteurs ne spéculaient pas, ils fabriquaient les sucres qu'ils vendaient à l'avance, avec des betteraves achetées aussi à l'avance, et pouvaient s'assurer un bénéfice convenablement rémunérateur.

Ne vendaient-ils pas à livrer, ils trouvaient des ache--

teurs pendant le cours de la campagne, qui leur prenaient leurs produits aux prix cotés. C'était pour ceux-ci, un simple placement de fonds, une opération commerciale toute naturelle et donnant tel ou tel résultat.

Ces acheteurs, spéculateurs sérieux, étaient utiles aux fabricants, indispensables même, et s'ils se sont, en grande partie, abstenu cette année, nous devons en trouver les motifs dans les fautes commerciales commises depuis quelque temps par un grand nombre de fabricants de sucre indigène. Nous allons chercher à les bien faire comprendre.

## XIII

Dès l'adoption d'un type n° 13 de la Régie (au-dessous duquel le droit à payer n'est que de 42 fr. par 100 kilos), chaque acheteur voulut, dans les marchés à terme, être assuré de ne recevoir que des sucres à ce droit, et pouvoir, dès lors, refuser ceux qui seraient au-dessus du n° 13; les qualités inférieures convenant souvent mieux à la raffinerie et étant plus susceptibles d'être exportées, les nuances élevées se trouvèrent relativement dépréciées.

C'était pour ainsi dire, donner une prime aux nuances basses, mais ce n'était pas autoriser les abus qui eurent lieu et qui ont continué cette année.

Ainsi, beaucoup de fabricants, voulant profiter de cet état de choses, s'appliquèrent à livrer des produits mal finis, en y laissant le plus de mélasse possible.

Parurent alors, sur les marchés, des sucres lourds, humides, sans grains, sans richesse. Ces mauvais sucres sont arbitrés, il est vrai, aux conditions de Paris, et subissent une dépréciation pour le manque de siccité et de qualité ; mais les réfactions auxquelles donnent droit les usages sont regardées par la raffinerie comme insuffisantes, et dès lors on trouve difficilement des acheteurs.

Dans ces conditions, le raffineur, craignant l'emploi de mauvais produits, s'est abstenu, pendant toute cette campagne, de faire des marchés à livrer qui pouvaient être aussi mal exécutés. De plus, il a renoncé à l'achat des sucres de qualité douteuse, aux usages de la place, c'est-à-dire réfactionnables sur les types de la Bourse en nuance, sécheresse, qualité, pour ne plus les acheter que sur échantillon et à prix débattu.

Voilà donc tous les mauvais sucres laissés de côté par les raffineurs, prenant le nom de *sucres de livraison* et appliqués impitoyablement aux marchés à livrer des spéculateurs.

De plus, les raffineurs inventant la reprise du saccharimètre, que la plupart d'entre eux avaient abandonné et n'achetant plus les sucres que suivant le rendement indiqué par l'appareil, sans tenir compte de la nuance.

Il est vrai de dire que les essais, au saccharimètre, d'un même lot de sucre, essayé par plusieurs raffineurs, donnent souvent des résultats si différents, que les détenteurs peuvent choisir ceux qui leur sont le plus favorables. Mais c'est là la seule consolation qui leur ait été accordée pendant cette campagne.

Le spéculateur s'est vu, dès lors, en présence d'une grande difficulté de vendre, aboutissant par conséquent à l'avilissement des cours.

Difficulté souvent augmentée, à l'époque des chaleurs, par l'état des sucres qui, à cause de leur mauvaise fabrication, se détériorent, se piquent, se fermentent et donnent lieu à de nouveaux sacrifices.

Si, aux échecs incessants de la spéculation, dans les dernières années qui semblaient lui être favorables, on ajoute cette impossibilité de vendre au cours, ce qui a été livré au cours, on ne sera pas étonné du découragement des acheteurs et enfin de leur rareté.

Guerre donc aux sucres mal fabriqués qui pèsent sur les cours, et entraînent avec eux les bons produits !

---

## XIV

En 1864, la création *de plusieurs types* a été faite, après une enquête minutieuse. Par un grand sentiment de justice, on n'a pas voulu que le produit de nuance basse et humide, contenant une moins grande richesse saccharine, réclamant plus de travail à la ratfinerie, payât des droits aussi élevés que les sucres secs, de belle nuance et de grande richesse.

L'équité qui a présidé à cette mesure a été vivement

appréciée. Mais il nous semble que par l'adoption de ces types la loi a eu pour but de protéger l'industriel, à qui, la qualité de la betterave, l'installation de son usine, ne permettent pas d'atteindre des nuances élevées et non d'encourager le mauvais travail.

Il paraît surprenant de rencontrer des industriels assez peu soucieux du perfectionnement pour chercher à exploiter le défaut d'une telle loi. L'avantage qu'ils pensent en retirer est illusoire, puisqu'ils nuisent à tout l'ensemble de la campagne et que tous les intérêts des fabricants sont forcément solidaires les uns des autres.

Et il ne faut pas s'étonner de voir la raffinerie profiter largement de cette situation et se montrer difficile. Il serait même à désirer de trouver chez les arbitres une grande sévérité pour l'admission des sucres en livraisons de marchés, et les voir donner plus de valeur aux termes usités de qualité *loyale et marchande*.

Le nombre des mauvais sucres deviendrait de plus en plus réduit et la bonne fabrication trouverait en elle-même, partie des armes que nécessite sa défense.

Nous avons insisté sur cette dernière question parce que nous en avons suivi la marche, et nous sommes persuadés qu'une des grandes causes de la baisse des sucres indigènes en France, pendant ces derniers mois, réside dans la rareté des acheteurs-spéculateurs, occasionnée en grande partie par les mauvaises livraisons.

Nous avons acquis aussi la certitude que le mauvais travail a dépendu le plus souvent des fabricants, à l'exception de quelques-uns d'entre eux qui n'ont pas, dans leurs usines, les ressources nécessaires.

Il reste à espérer que les résultats déplorables obtenus cette année, par ce système, les engageront à suivre une autre voie et que, la campagne sucrière qui va s'ouvrir, dans quelques mois, ne verra plus ces abus.

XV

Aux causes que nous venons de signaler, il faut ajouter l'apparition de la loi sur le courtage qui a puissamment contribué à la baisse des sucres indigènes.

Loin de nous l'idée de critiquer la nouvelle organisation des intermédiaires dont nous n'avons pu d'ailleurs encore nous rendre bien compte ; mais comme on ne saurait passer tout à coup, d'un privilége sérieux à une liberté complète, sans secousses sensibles, il s'agit de savoir à qui elles ont été profitables, et nous avons tout lieu de croire que les fabricants de sucres n'ont eu qu'à s'en plaindre.

En effet, si le courtage, sur ses anciennes bases, donnait lieu à quelques rares abus, (et où n'en rencontre-t-on pas !) du moins personne ne saurait oublier son utilité et les services importants qu'il rendait au commerce.

Le courtier était intermédiaire désintéressé entre le vendeur et l'acheteur. Tous deux étaient également renseignés par ses soins, les cours régulièrement établis, les arbitrages loyalement faits, la valeur de la marchandise justement fixée.

Par cela même, il était nuisible aux intérêts des deux principaux raffineurs de Paris, où est le grand centre de la consommation du sucre indigène.

Il avait soin d'indiquer aux fabricants du dehors le parti qu'ils pouvaient tirer de ses produits, il leur donnait chaque jour, la marche de l'article, et ses dépêches télégraphiques, ses lettres journalières, les mercuriales rédigées par ses soins portaient la vérité jusque dans les usines les plus retirées, et faisaient connaître, dans tous les lieux de production, les nouvelles importantes.

Tandis que pour les raffineurs, dont nous parlons, il fallait le silence.

Leurs commis seuls devaient porter les nouvelles aux fabricants, leur acheter leurs sucres à la valeur qu'ils voulaient bien leur fixer, avec les réfactions qu'ils leur indiqueraient, et aux conditions qu'ils leur imposeraient.

Le courtier créait des débouchés aux fabricants ; il n'en fallait pas, c'était contraire aux intérêts de la raffinerie qui voulait être seule sur le marché.

C'est à l'industrie de la betterave, dira-t-on, à se défendre contre celle du raffinage et ne pas céder aux exigences de cette dernière quand elle n'y trouve pas son avantage.

N'oublions donc pas que la lutte est inégale, par suite de ce que nous avons dit ci-dessus relativement à la production.

Ne perdons pas de vue que la raffinerie française se compose de quelques usines, excessivement importantes situées au centre des affaires, au milieu du mouvement commercial, tandis que la fabrication du sucre de betterave est composée de plus de 400 usines disséminées sur tous les points de la France, dans les campagnes et dans les champs éloignés.

———

Aussitôt la suppression des courtiers privilégiés, une nuée d'intermédiaires nouveaux, fiers de jouir des bienfaits de la liberté, s'abattit sur les lieux de production, souvent en y jetant les cours du mois précédent, et en indiquant des acheteurs sans crédit, qui envisageaient la liberté du courtage sous un point de vue nouveau.

Ils l'avaient instamment réclamée (et le nombre en est grand), afin de créer une concurrence telle qu'il puisse y avoir chance de ne plus payer de courtage du tout. Et ils en faisaient la proposition.

De son côté, la raffinerie de Paris, afin de ne plus laisser prétexte de vitalité aux courtiers qui la gênaient, comme nous l'avons indiqué, provoqua des réunions où il fut décidé que l'intermédiaire ne serait plus reconnu par elle à l'avenir, qu'il facturerait lui-même, et qu'ainsi on en viendrait promptement à bout.

Dans ces réunions, les plus puissants eurent raison de leurs confrères les plus faibles et les plus timides, qui souscrirent à l'engagement, mais qui, nous n'en doutons pas, en sont encore à se demander quels avantages ce système pourra leur offrir dans l'avenir. En attendant, le but fut atteint, car, devant ces résultats, les jeunes courtiers libres durent modérer leur élan.

Et la place resta aux commis des raffineurs chargés de visiter les fabricants.

De là nouvelle cause de désordre.

Les cours cessèrent d'être faits régulièrement et diffèrent souvent tellement de la vérité, que les plaintes s'élevèrent de tous côtés.

Nul doute que cette situation anormale ait nui aux intérêts des producteurs de sucre indigène cette année ; aussi beaucoup ont-ils compris qu'il leur fallait lutter contre ce nouveau système et ne rien faire, malgré l'opposition de la raffinerie, sans le concours d'un courtier désigné par eux. Nous espérons que le temps, la nécessité, les besoins du commerce viendront à bout de cette question des intermédiaires et qu'ils pourront reprendre leur rôle sous la législation nouvelle.

## XVI

Un des maux de la fabrication du sucre indigène en France, est l'obligation d'acheter ses betteraves longtemps à l'avance, dans la crainte de manquer son approvisionnement.

Le cultivateur peut, en effet, s'il n'a pas fait de marchés, vendre ses betteraves à une autre usine des environs, ou ensemencer différemment ses terres.

Le fabricant doit donc s'assurer de presque toute la quantité qui lui est nécessaire, et dès lors, payer des prix bien supérieurs à ceux qu'il aurait obtenus plus tard, s'il avait pu attendre.

Il faut arriver à payer la betterave moins cher.

Les bons résultats obtenus par le cultivateur-fabricant, qui travaille les produits de ses propres terres, indiquent combien il serait favorable aux fabricants de sucre de rendre leurs intérêts communs et inséparables de ceux de la culture, par des associations bien comprises, établies sur les bases d'une coopération intelligente.

---

## XVII

Il faut suivre le progrès et s'habituer au nouveau système commercial qui rend toutes les places solidaires les unes des autres. Loin de nous sont les temps où le fabricant pouvait calculer les chances de hausse et de baisse d'après l'état plus ou moins florissant de son champ.

Aujourd'hui l'industriel doit être commerçant et savoir compter avec les pays voisins, les colonies, l'étranger et l'état général des affaires.

---

# XVII

Si par conséquent, il semble facile de porter remède
à diverses questions que nous avons soulevées, et d'a-
méliorer sensiblement la position, il ne faut cependant
pas exagérer ce soulagement.

Regardons autour de nous, jetons un coup d'œil sur
les autres marchés, rendons-nous compte de leur
état.

Sont-ils plus florissants? les cours sont-ils plus ré-
munérateurs? Non, puisque la Belgique et l'Allemagne
ont importé, cette année, en France, près de 20,000
tonneaux.

On sait cependant que les sucres allemands sont
élevés en nuance, pauvres en qualité, qu'ils paient le
droit supérieur, et n'atteignent pas, à beaucoup près,
le prix des bons sucres. Leur transport pour la France
est très-élevé. L'exportation ne leur donne aucun avantage réel.

Le seul qui leur permette la concurrence qu'ils font

aux sucres français, est deprovenir de betteraves dont le rendement est de 1/3 plus élevé qu'en France.

Le mal est donc général et provient du calme qui règne cette année sur les affaires de toutes sortes, calme naturel après une longue série de spéculations fiévreuses et qu'indique assez le taux remarquablement bas de l'Escompte.

## XIX

Et au milieu de cette crise, la raffinerie française, grâce à l'habileté qu'il faut lui reconnaître arrive au fait très-remarquable, de pouvoir exporter des sucres raffinés jusque dans les pays dont elle reçoit des sucres bruts.

Cette année, la Belgique voit entrer, chez elle, des raffinés français.

L'Angleterre en a reçu plus de 8,000 tonneaux.

Et l'exportation, dans diverses autres contrées, at-

teint déjà cette campagne, le chiffre de 47,000 tonneaux.

Ces faits parlent en l'honneur de l'industrie du raffinage, en France, qui se trouve aujourd'hui, en concurrence avec tous les établissements de l'étranger.

## XX

Avant d'aller plus loin, consultons le tableau de la
production et de la consommation générale.

### Production générale

Pendant la campagne dernière 1865-1866, la production de la betterave a atteint, en Europe, le chiffre de

648,295 tonneaux qui se décompose ainsi qu'il suit, d'après M. Licht de Magdebourg.

| France............. | 274.014 | tonneaux. |
|---|---|---|
| Autriche............ | 71.033 | — |
| Russie ............. | 55.000 | — |
| Belgique............ | 41.552 | — |
| Pologne et Suède..... | 17.500 | — |
| Hollande ........... | 3.500 | — |
| Zollverein........... | 185.696 | — |
| Soit........ | 648.295 | tonneaux. |

Auxquels il faut ajouter le chiffre énorme de 1,412,648 tonneaux de sucres de cannes pendant l année 1866, soit de :

| Indes anglaises occidentales ........ | 223.107 | tonneaux |
|---|---|---|
| Maurice........... | 125.089 | — |
| Indes anglaises orientales ........... | 18.024 | — |
| Java............. | 130.837 | — |
| Colonies françaises.. | 109.771 | — |
| Cuba, Porto-Rico... Colonies hollandaises et autres ........ | 626.295 | — |

Manille et Siam....     60.000     tonneaux.

Brésil.............     119.561     —

                1.412.648     tonneaux.

Voilà donc un total général de 2,060,000 tonneaux pendant la campagne dernière.

## Consommation générale.

La consommation du sucre brut en Europe en 1866 a été de 1,396,384 tonneaux répartis comme suit :

Angleterre..........     536.508     tonneaux.

Villes hanséatiques..     16.747     —

France.............     252.455     —

Hollande...........     23.272     —

Danemark..........     8.928     —

Belgique ..........     22.321     —

Zolverein..........     159.241     —

Suisse.............     10 524     —

Portugal...........     15.607     —

|                        |           |   |
| ---------------------- | --------- | - |
| Italie . . . . . . . . . . . . | 99.303 | — |
| Espagne . . . . . . . . . . | 63.111 | — |
| Suède et Norwége . . . | 18.954 | — |
| Grèce . . . . . . . . . . . . | 3.254 | — |
| Pologne . . . . . . . . . | 10.737 | — |
| Russie . . . . . . . . . . . . | 89.124 | — |
| Autriche . . . . . . . . . . | 44.860 | — |
| Turquie . . . . . . . . . . | 21.428 | — |

1.396.381   tonneaux.

Elle donne la consommation individuelle suivante .

Pour la population

|                          | Habitants. |   | Livres par individu. |
| ------------------------ | ---------- | - | ----- |
| De l'Angleterre . . . | 30.150.000 | — | 39.86 |
| Villes hanséatiques. | 2.050.000 | — | 18.30 |
| France . . . . . . . . . | 37.500.000 | — | 15.08 |
| Hollande . . . . . . . . | 3.500.000 | — | 14.85 |
| Danemark . . . . . . . | 1.600.000 | — | 12.50 |
| Belgique . . . . . . . . | 5.000.000 | — | 10 » |
| Zollverein . . . . . . . | 35.670.000 | — | 10 » |
| Suisse . . . . . . . . . . | 2.520.000 | — | 9.32 |
| Portugal . . . . . . . . | 3.800.000 | — | 9.20 |
| Italie . . . . . . . . . . | 25.500.000 | — | 8.90 |
| Espagne . . . . . . . . | 16.500.000 | — | 8.58 |

| Suède et Norwége. | 5.800.000 | — | 7.32 |
| Grèce............ | 1.350.000 | — | 5.40 |
| Pologne......... | 5.350.000 | — | 4.50 |
| Russie.......... | 62.000.000 | — | 3.22 |
| Autriche......... | 33.500.000 | — | 3 » |
| Turquie ......... | 16.000.000 | — | 3 » |

Rappelons la loi de 1864 adoptée en France :

ARTICLE PREMIER. — A partir du 15 juin 1864, les droits sur les sucres seront établis ainsi qu'il suit, décimes compris :

SUCRES

Bruts, de toute origine..
- Au-dessous du n° 13. 42 »
- Du n° 13 au n° 20 inclusivement...... 44 »

Assimilés aux raffinés...
- Poudres blanches au-dessus du n° 20... 45 »

Raffinés dans les fabriques de sucre indigène et dans les colonies françaises ................. 47 »

LES 100 KILOS

Les types n°s 13 et 20 seront déterminés conformément à la série de types de Paris.

ART. 2. — Les colonies françaises de l'île de la Réunion et des Antilles jouiront d'une détaxe de 5 francs par 100 kilogrammes du 15 juin 1864 au 1er janvier 1876, décimes compris.

ART. 3. — Les sucres importés des pays hors d'Europe par navires étrangers et les sucres importés des pays et des entrepôts d'Europe, quel que soit le mode de transport, seront soumis à une surtaxe de 2 francs par 100 kilogrammes, décimes compris.

ART. 4. — La faculté d'abonnement accordée aux fabriques de sucre indigène, par l'article 4 de la loi du 23 mai 1860 est et demeure supprimée.

## XXI

On ne saurait admettre que les différences de consommation qui existent entre ces divers pays proviennent exclusivement de la différence des droits payés par chacun d'eux.

L'on doit envisager les habitudes, le genre de vie

---

ART. 5. — Le régime actuel du drawback est supprimé.

Les sucres non raffinés, de toute origine, jouiront de la faculté de l'admission temporaire en franchise, sous les conditions ci après déterminées.

L'admission temporaire ne sera obligatoire qu'à l'égard des sucres qui seront raffinés pour l'exportation.

Les sucres déclarés pour l'admission temporaire donneront lieu à des obligations cautionnées.

Ces opérations seront apurées dans un délai qui ne pourra excéder quatre mois, soit par l'exportation au raffinage ou par la mise en entrepôt d'une quantité de sucres raffinés correspondant aux rendements qui seront déterminés à l'article 6, soit par le paiement des taxes et surtaxes applicable aux sucres bruts soumissionnés.

Lorsque les raffinés exportés proviendront de sucres importés par navire étranger, les soumissionnaires devront payer, au moment de l'exportation ou de la mise en entrepôt, la moitié de la surtaxe du pavillon.

Relativement aux obligations cautionnées, l'action du trésor et la responsabilité des comptables, resteront de tous points soumises aux

- 41 -

de nos voisins chez lesquels nous voyons la consommation du sucre plus développée qu'en France.

Ainsi ce n'est pas à la grande réduction de ses droits que l'Angleterre doit tout l'accroissement de la con-

---

règles tracées par les ordonnances et arrêtés rendus sur les crédits accordés par le paiement des droits de douane.

ART. 6. — Le rendement des sucres destinés à l'exportation après raffinage sera réglé ainsi qu'il suit :

| SUCRE DE TOUTE ORIGINE | | Pour 100 kilos de Sucre brut conformément aux types indiqués ci-contre. |
|---|---|---|
| Au dessous du n° 10 | Sucre mélis ou quatre cassons et sucre candi... 78 k. | |
| | Sucre lumps et sucre tapé de nuance blanche... 79 — | |
| Du n° 10 ou n° 15 exclusivement. | Sucre mélis ou quatre cassons et sucre candi... 80 — | |
| | Sucre lumps et sucre tapé de nuance blanche... 81 — | |
| Du n° 13 au n° 16 inclusivement. | Sucre mélis ou quatre cassons et sucre candi... 83 — | |
| | Sucre lumps et sucre tapé de nuance blanche... 84 — | |

Les vergeoises du n° 13 et des numéros supérieurs seront admissibles pour l'exportation à la décharge des obligations d'admission temporaire, à raison de 105 kilogrammes pour 100 kilogrammes de sucre brut.

Les sucrés coloniaux et étrangers ne seront admissibles au raffinage sommation. Il est nécessité par les chiffres énormes qu'atteignent les importations du thé chez elle.

Mais cependant nous ne saurions douter de l'aug-

---

pour l'exportation que lorsqu'ils auront été importés directement par mer des pays hors d'Europe.

**Art. 7.** — Les sucres raffinés, qui après avoir été placés en entrepôt dans les conditions prévues par l'article 5, seront retirés pour la consommation, acquitteront les droits afférents à la matière brute dont ils proviennent et sur les quantités soumissionnées au moment de l'admission temporaire.

**Art. 8.** — Si les obligations ne sont pas apurées dans le délai fixé ear l'article 5 de la présente loi, le trésor poursuivra immédiatement, outre le recouvrement du droit d'entrée, le paiement des intérêts de ce droit, à raison de 5 pour 100 l'an, et ce à partir de l'expiration dudit délai.

Toute tentative ayant pour but de faire admettre à l'exportation ou à la réintégration en entrepôt, comme il est dit à l'article 5, des sucres n'ayant pas le poids déclaré ou le dégré de pureté et de blancheur exigée par les règlements sur la matière, sera punie, dans le premier d'une amende égale au double droit sur le déficit, et dans le second cas, d'une amende de 10 francs par 100 kilogrammes. La marchandise pourra être retenue pour sûreté de l'amende et des frais.

**Art. 9.** — La restitution des droits à l'exportation des sucres raffinés, lorsque le payement de ces droits sera justifié au moyen de quittances antérieures à la promulgation de la présente loi et n'ayant pas plus de quatre mois de date, se fera sur les bases du tarif et d'après les rendements déterminés par les lois antérieures.

Les sucres raffinés indigènes non libérés d'impôt, existant en magasin dans les fabriques raffineries ou en cour de raffinage au moment de la mise en vigueur de la présente loi, acquitteront le droit de 47 francs par 100 kilogrammes, décimes compris.

---

mentation de la consommation en France devant une réduction de droits et nous aurons plus loin à traiter cette question.

Le résumé des précédents tableaux donne, pendant

---

## EN ANGLETERRE

LES DROITS SONT LES SUIVANTS. — DROITS PAR 100 KILOS.

| | | |
|---|---|---|
| Raffinés ou égal au raffiné | 12 sh. | 10 d. |
| Terré blanc et sucre rendu par un procédé quelconque égal en qualité au sucre terré blanc non raffiné ni égal en qualité au sucre raffiné | 11 — | 8 — |
| Brut inférieur au sucre brun | 10 — | 6 — |
| Moscouade blonde | 9 — | 4 — |
| Moscouade brun et sucre inférieur au sucre terré brun | 8 — | 2 — |

Et à partir du 1ᵉʳ mai prochain :

| | | |
|---|---|---|
| Raffiné ou égal au raffiné | 12 sh. | » — |
| Terré blanc, sucre rendu égal en qualité au sucre terré blanc non raffiné, ni égale en qualité au sucre raffiné | 11 — | 3 — |
| Inférieur au terré brun | 10 — | 6 — |
| Moscouade blond | 9 — | 7 — |
| Moscouade brun et sucre inférieur au sucre terré brun | 8 — | » — |

la période qui nous a servi de base, cette campagne, les chiffres suivants :

Sucres bruts importés en

| | | |
|---|---|---|
| France........... | 310.430 | tonneaux. |
| Exportés ........... | 19.419 | — |
| Consommés.......... | 232.822 | — |
| Raffinés exportés .... | 56.044 | — |

## DANS LE ZOLLVEREIN

L'impôt est payé sur la betterave prête à être travaillée, 7 gros 1/2 par 50 kilos, et les droits d'entrée sur le sucre étranger brut pour les raffineries nationales sont de 31 fr. 87 les 100 kilos.

Le drawback sur 50 kilos de sucre brut est de 2 thalers 26 gros.

De même en Autriche.

## EN BELGIQUE

Il y a une prise en charge, les raffineurs prennent leurs sucres dans l'entrepôt ou les fabriques qui sont abonnés d'une manière obligatoire et les raffineurs doivent à l'état un revenu déterminé à l'avance, six millions. Quand la consommation n'est pas suffisante pour couvrir ce chiffre, les raffineurs comblent le déficit.

## EN HOLLANDE.

La législation contient des dispositions analogues.

Voici les exportations dans l'univers pendant la campagne dernière 1865-1866.

----

### EXPORTATION DANS L'UNIVERS

Sucre de cannes : 1.412.648 tonneaux.

----

### PRODUCTION DE SUCRE DE BETTERAVES EN EUROPE

Sucre de betteraves : 648.295 tonneaux.

Soit, un total de 2.060.943 tonneaux.

----

### CONSOMMATION DE SUCRES BRUTS EN EUROPE

Année 1866....... 1.396.384 tonneaux.

# DEUXIÈME PARTIE

---

## I

Nous venons d'étudier l'état général des sucres, en donnant les chiffres officiels que nous fournit l'Administration.

Nous avons signalé les mauvais résultats obtenus cette année par la sucrerie indigène en France.

Nous avons cherché à réunir les motifs de baisse, qui nous semblaient les plus réels, après avoir fait une large part au marasme général des affaires.

Il nous reste à voir si une législation nouvelle pourrait améliorer la position.

Nous n'en saurions douter.

On se récriera peut-être devant cette idée. La législation des sucres, dira-t-on, est toujours en agitation, en bouleversement. Certes, aucune n'a été plus souvent changée ; mais ne devons-nous pas comprendre que ces changements fréquents ont été nécessités par des réformes économiques. Maintenant, plus que jamais, ils sont nécessaires à tous égards.

———

## II

La loi de 1864 a admis les sucres indigènes à l'exportation, et cette grande mesure lui a été, ce n'est pas douteux, excessivement favorable.

Mais si nous demandons ce qu'elle aurait pu faire de plus, nous entendons autour de nous réclamer les uns, *le prélèvement de l'impôt à la consommation,* les autres *le dégrèvement,* quelques-uns parler de la franchise des charbons à l'entrée et beaucoup revenir sur la *question des types.*

---

## III

Cette dernière question a été étudiée avec le plus grand soin dans l'enquête de 1864.

Il fut reconnu que les droits les plus justes à percevoir seraient évidemment ceux proportionnés à la richesse saccharine ; mais que, n'ayant aucun moyen sûr de parvenir à la déterminer, il fallait en venir à créer *plusieurs types.*

Ce système, d'ailleurs, sauvegardait les intérêts des sucres coloniaux, était réclamé par la raffinerie et convenait aux fabricants de sucres ordinaires. Ils trouvaient ainsi les moyens de combattre la concurrence des fabricants de sucre élevé, dont le nombre était, à cette époque, excessivement réduit.

Il prévalut donc, et alors avec raison.

Mais, depuis, les choses ont changé complétement, et l'avenir appartient désormais aux sucres blancs qui devront, un jour, satisfaire seuls aux besoins de la consommation.

A ce point de vue, il y a un intérêt sérieux à ce que la sucrerie perfectionne sa fabrication.

IV

Grâce à d'ingénieux appareils, aux procédés nouveaux, les sucreries de nos colonies n'ont plus besoin de cette protection que leur a voulu donner la loi de 1864 par la création des types.

Elles ont montré ce qu'elles pouvaient faire, entre les

mains d'habiles industriels, en envoyant en France, des produits superbes ( 1 ) qui luttent avec avantage contre les sucres indigènes les mieux faits, et elles sont à même dorénavant de ne plus réclamer d'autre dé-taxe, que celle que justifie leur énorme éloignement de la métropole.

L'impulsion est donnée. Les anciennes usines des colonies françaises se transforment et font place à de magnifiques établissements, source de prospérité pour le pays.

Les hangars qui contenaient quelques bassines sont remplacés par de belles et grandes usines qui abritent les machines les plus ingénieuses, les procédés les plus nouveaux.

Le travail est associé à l'intelligence.

---

(1) Nous avons sous les yeux des produits des usines de la Gua-deloupe et de la Martinique montées par MM. J.-F. Cail et Cie, les grands et habiles constructeurs des appareils de sucre blanc.

La nuance est au-dessus du nº 3 des types de la bourse de Paris, le grain est d'une siccité parfaite et d'une grande richesse, la saveur est exquise. Ces sucres peuvent figurer sur les meilleures tables sans avoir recours à aucun raffinage.

Le travail est très régulier et les magnifiques établissements de MM. Cail, marquis de Rancoune, baron de Lareinty, Souques et Cie, envoient cette année, en France, près de 20,000 barriques de ces sucres en nuances suivies entre les nº 1 et les nº 3 et plus des types in-digènes.

Le succès au progrès.

Chaque industriel suit le mouvement, s'organise sur de nouvelles bases.

Le planteur, si ses ressources lui permettent de suivre par lui-même cette voie d'amélioration, peut envoyer ses cannes aux grandes sucreries qui l'environnent et y trouver plus d'avantages qu'à les travailler, par les anciens systèmes.

Place donc au progrès qui se fait jour, malgré les entraves que lui a apportés la loi de 1864 dans un but alors protecteur.

Les raisons qui l'ont fait adopter disparaissent de jour en jour.

———

## V

De même, dans la sucrerie indigène, le nombre des établissements de fabrication de sucre blanc s'est accru, depuis quelques années, dans une énorme proportion.

Les anciennes usines tombent dans la lutte, disparaissent ou se transforment.

Ce nouvel état de choses ne donne plus de raison d'être à la *multiplicité des types*.

Nous devons croire que la question devra être étudiée de nouveau, avant peu, et que l'on jugera comme nécessaire l'adoption du *type unique*, si redouté par la raffinerie, dont l'intérêt est de favoriser l'entrée et la production des sucres bas.

Les défenseurs du système opposé invoquent l'exemple de l'Angleterre, qui a admis plusieurs types.

Nos intérêts ne peuvent cependant être en rien comparés à ceux de nos voisins.

Ils en diffèrent essentiellement.

En effet, les Anglais n'ont pas, comme nous, de production intérieure. Il leur faut prendre leurs sucres bruts aux Indes occidentales (qu'ils ont besoin de protéger), où le travail est loin d'atteindre le perfectionnement de notre fabrication et ne leur fournit que des sucres de nuance peu élevée.

Ensuite les Anglais font une consommation énorme de sucres bas pour les bières, les boissons chaudes et les pâtisseries dont ils font grand usage, tandis qu'en France ces habitudes n'existent pas, et même, dans les familles peu aisées, on ne consomme pas de ces sortes de sucres.

Ne prenons donc pas modèle, à ce sujet, sur la législation anglaise, qui, elle aussi, sera remaniée avant longtemps, par la force des choses.

----

## VI

En faveur d'un *seul type* parlent à la fois les grands intérêts agricoles, qui ont besoin d'être encouragés par la haute industrie, et le progrès dont on ne saurait arrêter la marche, sous prétexte de ne pas nuire aux modes de fabrication primitifs et arriérés.

De grandes expositions ont lieu de tous côtés. Tous les pays y sont conviés et appelés à y concourir en venant déployer toutes les forces de leur intelligence.

On y décerne des prix aux constructeurs des meilleurs appareils, aux inventeurs des meilleurs procédés de fabrication.

A quoi bon ces nobles encouragements, si l'emploi de ces appareils, de ces procédés, reste entravé par l'effet de la loi ?

Il faut comprendre les besoins du consommateur, qui réclament le sucre le mieux travaillé au prix le plus bas possible.

Les fabricants de sucre blanc sont les seuls qui pourront les satisfaire.

On ne saurait ni trop applaudir, ni trop encourager leurs efforts incessants.

Le mode de taxation des sucres, suivant leur nuance, a pu autrefois être utile, voire même nécessaire, mais aujourd'hui les outillages perfectionnés, les rendements supérieurs, (tout en faisant des nuances plus élevées) le condamnent d'une manière absolue.

Nous espérons donc que, dans un avenir très-prochain, la *création du type unique viendra mettre fin à l'impôt progressif, qui prélève le fruit légitime du travail, du courage et de l'intelligence.*

## VII

Pour le Trésor, avec le *type unique*, plus de difficultés dans la perception de l'impôt, plus de ces abus auxquels donne lieu le régime actuel, plus d'erreurs dans les classements.

---

## VIII

*L'impôt à la consommation* est réclamé par la plupart des esprits versés dans la question.

Il est, en effet, bien évident que ce système de perception serait le plus équitable, et permettrait à tous les sucres, quelle qu'en soit la qualité, de payer l'impôt proportionnel à leur richesse saccharine.

Mais sur quelles bases ?

Les adversaires de ce système considèrent comme extrêmement difficile, sinon impossible, d'arriver à exercer les raffineries, à cause de la surveillance qu'elles nécessiteraient.

Il faut de plus songer, suivant eux, à la difficulté de faire la liquidation des comptes de raffinage, puisque dans ces usines (à l'exception de celles des fabricants-raffineurs) le travail n'est jamais interrompu et ne peut pas l'être.

Ils ajoutent que l'on créerait, tant par la surveillance que par la perception des droits (nécessitant des types), des complications de nature à gêner le travail.

De plus, disent-ils, les moyens d'arriver à l'équité nous font encore défaut.

L'Angleterre a, sans succès, expérimenté ce système fiscal.

Et il a été reconnu que le saccharimètre ne pouvait être employé, qu'on ne pouvait s'en rapporter, nullement, aux résultats qu'il donnait, et qu'il n'offrait aucune garantie sérieuse.

Ils opposent ces inconvénients, suivant eux insurmontables, avec une telle force, une telle assurance, qu'on serait vraiment tenté de croire à un intérêt bien grand de leur part, dans le rejet de l'idée de l'impôt à la consommation.

Pour nous, nous ne voyons aucune de ces grandes difficultés à l'application de l'exercice à la raffinerie, nous pensons que les prises en charge pourraient facilement être déterminées.

Et de cette façon tous les intérêts seraient au même niveau. Plus de types, plus de difficultés pour le rendement au Drawbach, et delà, certitude pour le trésor vis-à-vis du raffinage.

Déjà la loi du 13 juin 1861 avait soumis les raffineries à l'exercice et déterminé les conditions de prise en charge en considérant comme très-facile la perception des droits.

C'est une question que nous verrons soulever avant peu par l'Administration elle-même; la nécessité l'indique, la justice le réclame.

Nous ne saurions donc douter, un instant, de l'admission de ce mode de perception qui est le seul juste et équitable, et nous ne saurions assez le demander; mais pour la fabrication du sucre indigène, nous ne pouvons y voir tous les bienfaits qu'elle semble en attendre. Certes cette mesure amoindrirait la puissance de la raffinerie, sa rivale, en la privant du crédit de quatre mois que lui donne la Douane. Mais à cela se réduiraient, croyons-nous, tous les avantges qu'elle pourrait en tirer.

———

## IX

Disons, pour terminer ce travail, quelques mots sur le *dégrèvement*; mais comme il appartient aux hommes qui sont familiers aux grandes questions d'économie politique de traiter un sujet aussi important, et qu'il convient de rallier aux questions financières, nous nous contenterons de citer quelques chiffres parlant en sa faveur, et de rappeler à l'Administration combien la fabrication du sucre et la consommation profiteraient d'une diminution d'impôt.

———

## X

Par les tableaux précédents, on a pu juger quelle était la consommation générale des sucres en Europe et remarquer les différences qui existaient entre chaque pays.

Nous avons dit que nous ne pensions pas devoir les attribuer exclusivement à la différence des droits ; mais bien aux habitudes, à la manière de vivre de chaque peuple ; et nous avons ajouté que la réduction de l'impôt devrait, à notre avis, augmenter considérablement la consommation des sucres en France.

Par suite du bien-être qui s'étend sur toutes les classes et de l'amélioration de la fortune publique, nous la voyons déjà s'étendre d'une manière remarquable.

Elle ne doit pas s'arrêter là.

En 1846 elle atteignait. .   117 millions de kilos.
En 1856 . . . . . . . . . . . .   180       id.
En 1866 (après un léger dégrèvement) 250 millions.

## XI

En Angleterre, la consommation individuelle n'était en 1840, que de 16 livres par individus.

Depuis 1846, époque à laquelle les droits différentiels protégeant les sucres des colonies anglaises, ont été réduits, avec projet d'abolition complète pour l'avenir, la consommation a progressé d'une manière rapide puisqu'elle a atteint le chiffre de 29 livres par tête en 1856.

Pour arriver comme nous l'avons déjà vu à 39 livres 86 gr. par tête en 1866.

Soit une consommation annuelle de 536,508 tonneaux.

Le Zollverein en 1840 :

Consommait......... 4 livres 400 gr. par tête.
Dix ans plus tard..... 7 livres          id.
Aujourd'hui......... 10 livres          id.

## XII

Nous voyons partout une énorme augmentation de consommation.

Malgré l'accroissement que nous avons signalé, dans celle de la France, il est à remarquer qu'elle n'a pas suivi le progrès de la force productive, surtout de la betterave.

Mais n'oublions pas que, de tous les pays, la France est celui qui paie les impôts les plus élevés sur les sucres (1).

En Angleterre, en Autriche, en Allemagne, ils sont de moitié moindres, en Suisse ils sont insignifiants.

Ne serait-il pas à désirer, qu'un dégrèvement vint répandre jusque dans le fond des campagnes, l'usage du sucre si nécessaire, si bienfaisant?

Le trésor ne trouverait-il pas promptement la compensation de ses premiers sacrifices dans le progrès de la

_______________

(1) L'impôt du sucre produit annuellement au Trésor 110 millions environ.

consommation dont le développement nous paraît illimité ?

Cette idée préoccupe, nous n'en doutons pas, nos hommes d'État et nous sommes persuadés qu'avant peu, les circonstances aidant, ils la remettront à l'étude avec tout le soin qu'ils ont apporté jusqu'à ce jour à ces grandes questions du bien-être général.

Rappelons-nous ces paroles :

« *Certains impôts, bien que productifs pour le Trésor,* » *peuvent former obstacle au bien-être de la classe la* » *plus nombreuse.* »

Et chacun a applaudi à cette politique inspirée par le cœur.

⸻ ❧ ⸻

5958  Paris. — Imprimerie RENOU et MAULDE, rue de Rivoli, 141.